JORGE AUGUSTO

SIM

SIM

JORGE AUGUSTO WAMSER

1

JORGE AUGUSTO   SIM

JORGE AUGUSTO

SIM

TRÊS...   DOIS...   UM...

"Diante e distante da alma, acalma meu ser."

Diário de minha alma.

PASSEIO A DOIS

Na noite que se forma

O dia informa o destino

Aqui é o paraíso...

Pra onde se aponta

É onde desvio o olhar

Assim a surpresa

Surge, Imerge

 Na alma

No silenciar da calma

Infinita vida a dois...

Além dos detalhes perfeitos

Desejos e maravilhas

Procuro o diferente

A novidade se vai

Procuro o de sempre

E a novidade sou eu...

SIM é ela que amo

Se não for a que amo

Sim é a que quer amar...

Nada Muda

Agora que sei tudo que ele não é

Nada muda

Mas sei que sou...

Agora que me seguem

Nada muda, mas sei que sou.

Fica só

Deixo que ela se vá

Fazer o trabalho...

Que por todos esses anos

Fiz eu...

Nada muda...

Só estamos diferenciando

Núncia

Que é dele e que é meu...

O céu

No céu

Desenha-se meu sonho...

O que no tempo deixei...

Diante de mim

E só eu sei

Vejo com o olho da alma...

No meu olhar

As centenas

Amadas até o fim...

É para mim

O que é pra todos

Que imaginaram...

Levam-me

Pra longe daqui...

Esquecido

Não me procurem

Aqueles que sabem onde estou

Sabem do meu medo?

Então que seja só meu...

Sabem dos meus passos?

Então me deixem segui-los

Pois eu sei onde é meu abrigo, tenho provas o suficiente

Pra fugir do meu destino...

Sabem dos meus passos?

Quantos adivinharam?

Quantos planejaram?

Que seja só meu...

A paz

A alegria

O fardo e a fantasia.

JORGE AUGUSTO   SIM

Protegido e desprotegido

Rumo ao infinito

Ando eu...

Sempre atrasado e em dúvida...

Porque voou?

Vaga-lume?

EU

Precipita

Descansa

JORGE AUGUSTO   SIM

Satisfaz

Espera mais

É e não é

Vagueia

Pertence

É pertencido

Pretende, Pretendido

Recebe e dá

A mão o corpo a calma e a cama

Vai à frente, volta atrás

Corre sempre, sempre, sempre tem mais

Se me fazem os faço

No espaço o tempo de um abraço

È o eterno viver...

JORGE AUGUSTO   SIM

Desprendido

Dos laços fraternais

Dos pensamentos infernais

Sinto-me...

Por algum tempo medo e lágrima

A escolha da resposta

Enraizada num mistério

Sempre no futuro

À espera... Perco-a

Ameaçado pela incerteza

A grandeza em mim

É pequena quando só insisto

Voltam minhas músicas

Sinto-me...

Sei...

Amo...

Cheiro, Aromas

O de sempre, desprendido...

Temo pelo que não temo e teimoso tento desprender-me

Dos laços infernais

Dos pensamentos fraternais...

De quem realmente fui e sou... Do que sempre tenho que fazer...

O mistério...

Não Sei

Não sei quanto aos outros

Mas o que me vem se resume a três

Não sei se aqui observando

Nesse planeta,

Tudo é três...

Triângulos se desenham

No céu, no chão

Parece ser essa a Lei

Aqui... Nesse mundo...

Quem o fez

Ou foi feito

Também se foi

Aos 33

Entre cruzes e trios...

Sou dois e sou três...

JORGE AUGUSTO   SIM

Sinto

Se me ausento

Ou algo esconde

É porque o que penso

E idealizo

Não se realiza...

Surpreende-me

Vira livro...

Meu Carnaval

Meu carnaval é mesmo assim

Bebo sozinho perto do fim

Meu irmão é desse jeito

Moram dentro do meu peito e não...

Irmão...

Vou para folia

Ver se é noite ou dia

Meu irmão é desse jeito

Moram dentro do meu peito e não

Irmão

Irmão...

Permito-me em Não

Por não me permitir ser amado

Por mistificar e desmistificar

Por deixar minha cabeça lutar com meu coração

Sei que mereço a dúvida

E a solidão.

Pertencendo à música

E ela a mim

Perdi-me...

Desvendei mistérios

Pra tudo encontrei solução

No amor que resta

Sempre soube que sim

Eram mistérios...

Pertenciam a mim.

Se em sociedade passamos a vida

Ela se vai esquecida...

Porque a sociedade é a mentira

Que contrapõe o viver

Que contradiz o ser

Que caminha contra o sonho.

Porque em você

É sempre o viver... O pensar alto cobra alto...

Na morte do coração vive a razão

No crer na razão mata-se o coração

No compreender dos dois morre-se o desejo e o

verdadeiro amor.

Nasce Você!

Vai

Fantasio e

19

Fumo

Viajo em música

Só procuro quando preciso de dinheiro

Bebo...

Encontro-te amanhã

Procuro hoje.

Elas...

Tudo é isso...

Maldade

Partindo da premissa

JORGE AUGUSTO   SIM

De que todo ser é ego

Todo ser tem maldade

A alegria é falsa

É um eterno julgamento...

Partindo da premissa

De que os que não são

Não alteram nada

A alegria é falsa

É um julgamento eterno...

Partindo da premissa

De que tenho um bom coração

Tornei-me o maior

Tornei-me só

Tornei-me escravo.

Divido uma mentira e uma verdade

Com quem quiser "compartilhar"...

Vai-se minha alma e minha lágrima

Encerro em mim qualquer sentimento

O ressentimento é maior que meus feitos

Se eu não sinto nada

A culpa não é minha

Ela esbarra nas dificuldades que existem e insistem

Embora eu saiba a razão...

Continuo viajando pelo mundo

Preso num orgulho

Por esperar

Por esperar

Que na minha reta filosofia de pensamento

Tão fundamentada e provada

Alguém estenda a mão

Para meus pequenos desejos...

Depósitos, cigarros, bebidas, músicas, alegrias...

Um crédito, uma mulher,

Um bom lugar, o pagamento justo ao meu delirante oculto sofrimento,

Pra flor, pra dor, pra minha tão sonhada e

Esquecida...   Música...

Interpreto a vida segundo minha visão e desejo

Minha morte vem vagarosamente no querer dividir...

Minha verdade

Se eu tivesse que dizer minha verdade

Eu teria que fazê-lo

Vinte quatro horas, segundo a segundo

Você me invejaria

E não é isso que desejo.

Explico com uma nota só

Você não entenderia não se satisfaria,

E não é isso que desejo.

Falo de mim perante Deus

Falo de mim perante a circunstância

Falo de mim perante a intenção futura

Falo de mim perante o passado...

Falo de mim perante a razão

Falo de mim perante o coração e a emoção

Tudo ao mesmo tempo.

Você dificultaria.

Basta o silêncio e o presente

Se tornando doença e agonia.

Deixo de ser uma música

Torno-me um homem, um homem só e comum pensante.

Ou ela sai de mim e vivo alegre

Ou eu saio dela e vivo triste...

E aí?   O que você me diz?   Silêncio basta? Ou Inveja e Orgulho?

Tudo em mim, Eu em tudo. Sem conflito.

Ainda vou rir muito

Surpresa

Ainda vou rir muito

Do meu "conflito"

Luta, Luta, Luta, Luta, Luta

Só preciso de uma bebida

Um violão

E alguém pra escancarar diante de mim

O tamanho do meu NÃO

"CONFLITO"

Luta, luta, Luta, Luta...

Um disco próprio

Uma imagem refletida

Um FODA_SE bem grande

Para o que deixo acumulado e esquecido...

LUTA

Datas e Números

Prendem

Foram criadas

JORGE AUGUSTO   SIM

Como horas, minutos

Rotinas e costumes...

Enquanto se vai

Tudo se vai

Nas mãos de outros...

Fora o Controle

Diferente é o olhar de cada um

Entre trabalho e planejamento

A alma permanece escondida

Foge das Maravilhas.

Eu tenho três olhos

Sou controlado

E controlo...

Enquanto em meus pensamentos

Vejo fatos

Num constante deslocar de alma

Prevejo situações, palavras...

Tenho um grande Dom.

Não sei bem

Como mostrá-lo...

Talvez se não fosse preciso

Eu o faria...

Por trás da magia cósmica que segue sempre em frente

No plano físico o coração diz

Fica parado, Tenho planos e não os realizo...

Embora em minha mente eles se façam...

Distante da minha atitude, bem distante... Está meu pensamento

Livre... Solto... Triste... Alegre... Com saudade...

Meu filho não nasceu ainda sou filho...

Minha casa não é minha, sou morador...

O que é meu?

O sonhar, o cantar... O amar sem perceber.

Canta-se a alegria

Canta-se dor

Canta-se a raiva

Canta-se o amor

Canta-se tristeza

Há canto pra tudo

Há canto para continuação

Há canto para morte

Há canto para um novo sonhar

Há canto para um novo nascer

Só não há canto

Pra ajudar a dizer

O quanto sou sonhador...

Contemplo o Mistério.

Por que

Deixo de fazer

Deixo de amar

Deixo de olhar

Sinto pena de mim mesmo...

Homem e criança

Esperança posta entre muros

Sinto pena de mim...

Família

Droga-Dinheiro-trabalho-Música-Mundo-Crença

Distância infinita...

EU

A distância é pequena

Sinto pena de mim mesmo...

Enquanto penso

Crio e sou...

Honesto e trabalhador.

Tapa de Luva

Sim eu mereço

A tapa de luva

A tapa no rosto

O profundo desgosto

De Não saber por que sou...

Na falta de um pouco se desfaz a trama

Coração por coração, parentes, avós tios e irmãos

Por onde vaga minha alma?

Sim mereço, não vêem apenas meu corpo...

O falso terço, a ausência lá do berço...

JORGE AUGUSTO   SIM

Insatisfeito e perfeccionista

Não relaxo o pescoço

Como um osso jogado na boca de cães farejadores

Deixo-me ir, acompanho o menino que sabe onde estou

Deixem-me só

Deixem-me em paz

Deixe em mim, o que é só meu.

O falso terço e o desgosto

De não saber por que sou. Sou só...

A mentira do outro dia, a escravidão e a Melancolia

A alegria de viver, passageira e duradoura...

Sou Livre

Vou ver outros mares

Respirar novos ares

Tentar curar minha cegueira...

Vou me dedicar

A não ceder pro mar

As correntezas de minha alma...

Vou Voar

Livre

Pensar

Por que ando tão preso...

Minha Luta

Minha luta é incessante

Enquanto ele existe questiono a Deus e empresto minha alma.

Minha alma pertence à infinita música de mim

Com ela trago pessoas...

Meu braço direito sou eu,

Ciente das minhas intenções

Sei o quanto eu valho para o mundo.

Defendo o que existe, tudo é Uno

A liberdade e o futuro...

Meu único erro

Esperar do outro mais do que de mim mesmo.

Meu erro, dividir, esperar dele

O que não me pertence, e o que é meu por direito.

No coração existe força pra se alcançar qualquer desejo

Meu erro emprestá-lo a outros

O que nem a mim pertence...

Esperar do outro alguma recompensa...

Como sou estúpido, radical em meu pensamento...

Como sou ruim, como sofro como sou bom...

Como sou único, Jorge Augusto. Filho de Maria.

Eu e Deus

Somos sós nós dois até o final

Jogando a sorte fora

Sem saber do bem e do mal

Sujando na Lama Só nós

Cortando a grama na vida ligeira

Acalma a trama

Dança cigana

Que nós vamos nos abraçar

Acalma a dama que somos nós

Dois nesse canavial

Corta a ligeira dança maneira

Mandinga de laço forte perde a estribeira

Acolhe meu canto que quero cantar

Planta e colhe a semente que o fruto vai dar

Desata e prende o amor e a serpente

No nó que nos demos o sonho se vai

No nó que nós temos o cantar se faz

Do pó ao pó a criança dança

Como dançamos, Eu e você e nós...

Traição

Porque traí a mim mesmo

Quando teu sonho eu fui buscar

Porque traí o meu rico lampejo

Quando a você eu fui buscar

Porque me matei aos poucos

Na lágrima eterna do meu cantar

Ajuntei no esquecimento minha sorte e meu luar.

Só fiz mal a mim mesmo

Quando fui buscar

O teu sonhar...

Adapto-me

Sou o que sou quando tenho que ser

Porque na profunda mágoa quando lá menino

Vi meu amor nascer

Por conta de meu grande amor

Esqueci-me de mim

Por esquecer-me de mim

Tornei-me um com DEUS.

Todos são maus

E mesmo depois

De me deixar ao relento

De sacrificar-me por anos

Continuam sempre à espera

De serem vingativos

Egoístas

O que ganho é invisível

O que perco também

Dói na alma

Mas dói ainda mais

Se do lado de fora

Vejo que é em vão.

Continuam perversos

E maldosos...

A mim o descanso

E a ilusão.

Caminho

Pode-se andar a frente

Pode-se andar atrás

Por que não ao lado?

JORGE AUGUSTO   SIM

Tudo é feito de energia

Sendo viva ou morta

Nascem as criações

Para que se manifestem

Precisam se ligar

Como átomos

A fonte não seca

Ela se move dia e noite

Pra lá e pra cá

Conforme o desejo

E a importância

De um e de todos.

Por isso o AMOR.

Comparações

Coloco na balança

Minha mágoa e minha música...

44

JORGE AUGUSTO   SIM

Sempre alguma pesa mais na intensa decisão do ser

Que idiotice minha

Pensar que todos sabem

O que penso e o que sei como se estivessem o tempo todo

Em minha cabeça

Porque os ouço

Penso que me ouvem também

Quando são apenas pessoas

A quem tenho o direito de amar ou não...

Que idiotice a minha

Pensar que são todos meus inimigos

Quando na minha insatisfação

Não olho nem para o chão...

Também não chamo de amigos

Os exploradores de minha canção, de meu coração...

São apenas pessoas

A quem eu tenho o direito de amar ou não...

Tenho sempre razão, ou não

Deus sabe que nunca tive escolha, sou livre pra sonhar, sou um homem Bom.

Ou não? Permito-me uma boa gargalhada? Idiotice minha...

Nessa estrada que sempre e nunca sei onde vai dar...

Juramento

Senhor

Não permita que façam mal a mim

Se no faltar das palavras eu não o responder

Só vós sabeis

O que se passa em minha alma

A dificuldade que carrego.

No juramento que fiz

Pra que todos fossem dignos

Do teu amor.

Não permita que me façam mal

Pois o que faço não é por mim...

Proteja-me daqueles que me querem mal

Defende-me daqueles que não entendem

Meu juramento...

Embora em mim sua infinita obra seja manifestada

Sabeis que não posso simplesmente dizer sim.

Defende-me daqueles que não entendem...

Permita que eu seja alegre, que eu viva, ainda que por alguns instantes.

Inversão

Se antes por um orgulho ferido

Eu procurava o que já tinha

Abrigava

Agora que encontrei

Procuram-me

Esvaziam-me...

Ainda sim

Uns cabem

Outros Não...

Se antes eu viajava

Agora

Viajam por mim e em mim

Fim do mistério

Recomeço do novo dia

Universo.

Novo mundo

O que vejo

Chamo de evolução

Nova ordem mundial

Um estado de espírito

No qual ninguém

Precisará

Procurar pela felicidade

Ou coisa outra qualquer.

Sim eu poderia fundar uma religião

Sim ao que faço ou fazia chama-se também doença

Crônica, eu não me canso de procurar...

Porque tratei como Deus a quem não devia

Causando mortes de mim mesmo.

Sim todos são Deuses

Alguns vão mais longe

Outros sedem aos desejos

Sucumbem à maluquice do mundo em movimento

Eu ganhei e perdi pra mim mesmo

Porque tratei como Deus a quem não devia

Esperei dele atitudes que não condiziam

Com aquela que me fez ver

E ignorei por não saber

Dizer

Sim

Eu sou

E vou...

Enquanto eu ia...

Sim eu poderia

Sim eu posso

Recuperar minha sabedoria

Meu espírito perdido e profanado

Desde que eu conheça a mim mesmo

E não ao outro. Eu o Amo.

Mas não como amo

A mim mesmo.

As minhas descobertas viram lágrimas

No céu os santos comungam minha alma

Alimentei mais aos mortos do que aos vivos

Por que os tratei como Deuses enquanto eu morria.

Escondida, sempre escondida

Viveu minha alma

Como recuperá-la?

Aqueles que querem meu bem saberão me dizer...

Aqueles a quem alimentei anseiam por me ver

Aceitando a oferenda e dizendo sim ao que lhes dei.

Digo não. Usem sua imaginação.

Por que os que me pedem não podem fazer. "VER"

Meu espírito foi profanado

Pelo dinheiro e pela esperança

Minha música foi profanada

Por mim mesmo e pelos outros

Tenho medo de não tê-la mais...

Como a tinha antes...

LUZ

ILUMINATI

DOMINUS

Velas e toda obra

Musical e literária

Espiritual e materializada.

Diante da certeza e da eterna construção

Vem o obcecado.

Diante do que está resolvido

Um problema se cria...

Na falta de confiança em si mesmo

Não se confia no próximo.

Psicologicamente

JORGE AUGUSTO   SIM

Há um Eu pra tudo

Assim me estimulo, perco a mim mesmo.

Penso muito, em todos e em mim, no velho e no novo... Sou
assim

Tenho bloqueios

Um grande saber, talento e feitos

Com o eterno saber, vem à sede de saber mais

Quando a vontade é não saber...

Chove

Suave água que cai dos céus

Num vagaroso dançar de gotas

JORGE AUGUSTO   SIM

Faço uma música

Renovo uma esperança

A realidade de novo muda...

Estou ciente disso...

Tenho uma aluna

Um vício...

Um livro... Muitos amores

Gente a quem enlouqueço

Gente que me enlouquece...

Gente que ajuda e possibilita...

Por dois olhares femininos

Alegro-me e canto.

Acalmo o gigante em mim

Viro uma criança...

Enquanto tudo passa por mim

Eu guardo e aguardo...

Semelhante a um buraco negro... Vou sugando para depois explodir.

Sou grande

Tenho vinte e seis anos

Brigo

Com energias...

Eu cresço ano após ano

Brigo

Pra existir...

Eu existo

Ouço

Vejo

Tudo que sai de mim

E entra em mim...

O que sou e represento?

O que vêem em mim?

O que sou e vejo?

Viagens de mim mesmo?

O quanto à música e Deus tem a oferecer eu sempre sei.

Só não sei se para os outros ou para mim mesmo...

Conforme o que vejo, faço para os dois... Sem ser...

A força

Considero que o movimento

Afasta o ser das energias mais puras.

Considero também

Que para que haja satisfação e alegria

É preciso esvaziar-se movimentando.

Deus é uma energia

Todo ser é uma energia

Receptiva e dativa em meio a energias.

Quanto mais o homem tem

Mais se esquece e se afasta do que é puro

Menos se preocupa com o que existe ao seu redor

Embora continue sendo, apenas uma energia

Hora cheia, hora vazia, hora ego pensante...

Cultura e conhecimento são necessários

Para que haja uma sociedade...

Homens e mulheres vivem e querem

Muito mais o que aprendem e vêem do que realmente são.

Quem quiser ganhar a vida, deve perdê-la

Quem quiser viver em sociedade

Deve amar a sociedade se comparar a seus interesses...

No entanto, você nunca deixará de ser uma energia

Que recebe energias e que dá energias...

Que cede a forças maiores ou as domina.

No entanto, para uma alegria duradoura e verdadeira

É preciso que todos tenham essa consciência

E não apenas seja, fruto do meio, de uma regra, de uma crença,

 No fundo do coração

O corpo pede amor

E esse só existe quando se dá

Ou quando simplesmente

Olhamos em silêncio o que há a nossa volta

Escutamos

Tornamo-nos aquilo que sabemos e somos.

Minha verdade é minha prisão

Dediquei

Toda minha vida

A adquirir sabedoria

A juntar energias

E rifá-las

Entre o bem e o mal

Esperando

Meus sonhos em troca. Coloquei-os em mãos erradas e pequenas.

Embora eu tenha conseguido

Provar que estou certo

JORGE AUGUSTO   SIM

Carrego junto da escolha livre a obrigação

O sonho é uma nova era

Onde comungam

Os vivos e os mortos

Alegria e fartura eterna.

Pra que eu tenha uma vida e encontre o momento

Tenho que fugir do que sei

Pra realizar meu sonho

Tenho que dizer sim a todos que dizem "não... '"

KRIPTUS

Do silêncio e do buscar

Surgem os códigos

Escutar.

Do querer saber

Surgem as maravilhas

Escutar e buscar.

Cada movimento

Tem um dono e um saber

Observar...

Aprender

E

Se perder.

O céu, o sol, o som e a natureza

São eternos.

Seja também você.

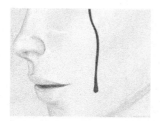

ELA ELE e EU

Ela deseja tudo

Sonha tudo quer tudo

É tudo, mulher Deusa da música.

Ele contenta

Aceita a ela

Mas Prefere cautela...

 Senhor da chuva...

Eu os observo

Aceito suas ofertas

E deixo que eles

Disputem-me.

Eles observam o mundo

Carregam um a um para seus lados

Uns são dela outros dele

A todos eles disputam

Eu os conheço e os observo

Deles ganho tudo

Mas não tomo partido

Sou veículo e permaneço

Em cima do Muro.

O que ela oferece e ele também dependem do meu SIM!

Se for dela não sou eu, são seus que me deram alegria e quimera

Se for dele sou veículo em busca, um homem com limites...

Está-se entre os dois, sou mais que eu, sou os dois, somos três.

Sou tudo, pensando em mim, sou nada pensando neles...

Eu estou entre os dois porque pago o preço, já me prometeram que a balança não vai desequilibrar, infinitas vezes...

Recebo o presente

Recebo os presentes

Embora haja amor entre os lados

Só dependo de mim mesmo

Pra superar minha mágoa.

Embora eu não precise e não percebo

Dou mais de mim, porque a verdade

É dor em mim que só a vejo.

Quiseram o meu amor, fizeram-me agonia

Quando não sabiam

Que quem os via

Eram os meus aliados...

E eu humilde

Ignorei os fatos, os seres pra conversar com seus donos.

Enquanto minha magia ia...

Enquanto não superava minhas mágoas

Enquanto dava arte à morte e a vida.

Aos que decepcionei e deixei de amar

Peço desculpas, peço que entendam

Não decepcionei a vocês mais do que a mim mesmo...

Dou-lhes minhas músicas... Que elas transformem minhas lágrimas

Em magia de novo!

Alegria

Bate em nossa porta a todo instante

Cheia de magia

Anda a nossa frente

Foge ao nosso controle

Exige da alma

A luz e a energia

Anda junto a nós

O que somos?

Por que a buscamos?

Todo mundo aceita uma ferida.

Todo mundo aceita uma mentira.

Todo mundo busca ser maior

Que o nó, a porta, a luz, a magia

Todo dia...

Alegria... Une-se

A maldade e a superioridade

O controle dos outros por meios

Auto-suficientes...

Alegria...

O que sou e tenho morre em mim

Para persegui-la!

Alegria...

Diante da mulher

Vejo nelas a fragilidade espiritual

Paro, conheço-a do início ao final...

Sei que procura a quem lhes ofereçam abrigo

Conheço-a, não desejam a fragilidade espiritual...

São duras como rochas não distinguem sexo e amor

De um homem bom, ou um animal...

Quer abrigo, uma certeza, um olhar eterno

Para que ofereçam, o Santo Graal...

Pecado e palavras

Suor, sempre suor...

Do início ao final...

O que eu as ofereço?

JORGE AUGUSTO   SIM

Não sei, companhia talvez

Uma alma gêmea, dentre às poucas que tenho...

Dentre as poucas que exigem

De mim...

Perfeito

Meu desejo

Meus livros

Minha canção, meus instrumentos

Meu vício, minha saúde

Minha amada

Minha esperança

Meus comparsas

Meus sonhos

Meus enigmas

Minhas mãos

Meus ouvidos

Meus poemas

Minha ilusão

Minha vida

Meus amigos e alunos

Sou planta da terra

Nunca esquecida

Regada de tudo que habita, regando tudo que é

SOU.

Infinito

Eu tão pequenino

Estou no seio dela

Esperando horizontes...

Convidam-me a parar

A criação ligada à fonte...

Como se a arte imitasse a vida

Decido

Que minha vida

Imite a arte

Que ela esteja em mim

E que eu seja assim, fraco, perambulante

Uma folha seca jogada ao vento

Brincando entre claves e compassos

Pra que por um momento

A música perfeita

Mova tudo...

Que passa, pare tudo que ande

Assim como eu desejo

No silêncio ela descanse...

JORGE AUGUSTO   SIM

Sons

Guitarras

Baixos

Orquestras

Baterias

Harpas

Liras

Violinos

Cavacos

Violões

Violas

Matemática

São minhas

Alaúde

Alaúde...

Foram meus... São minhas...

Pra que passe rápido...

A vida que não quero...

Esperam-me na esquina, todos os dias...

Inspira-me o contexto, o local, pouco muda

Um possível futuro

Já que o presente vai mal...

Meu trabalho

Meu trabalho é sonhar

Vender sonho

Inspirar

A quem quiser um ganho...

Minha idade é sempre a mesma

Um bloqueio em torno de tudo, abrindo portas, instituindo regras e muros.

Sentimentos presos

Por orgulho, genialidade e pirraça...

Minha graça é conhecer a outros

E fazê-los ver

Eu beber sua taça...

Em que acredito? Em qualquer coisa que exista

Enquanto eu exista... Na capacidade de criar... Sempre infinita...

Bloqueios hão de cair...

No dia do Sim...

Fiz pirraça... Fico sem graça... Não sei se é assim, embora eu saiba.

Ela é o berço de tudo...

Ele é a razão...

 Nós somos deles

O que quisermos ser...

Vai e vem de mim

Em tudo me perco e busco

JORGE AUGUSTO   SIM

De tudo sei um pouco

Muito, a verdade é muita

Por saber demais

De tudo fujo um pouco

Muito, a verdade é muita.

Sou uma canção

Apontada para todos os seres

 Fujo, trabalho, sonho, viajo muito...

O suficiente

É o que procuro

Já que em mim um pouco

É muito, pra muitos...

Canto pra eles

Cantam pra mim

Passamos no meio

JORGE AUGUSTO   SIM

Idealizando os fins...

No abismo musical onde mora meu espírito

De onde tudo vem e vai, faço de novo a loucura

De esperar, idealizar, o que há em mim...

Sou livre de novo, se ninguém me prender...

POTE

Indico o caminho

Dou as ferramentas

Chamo aliados...

Já sabem o que fazer

A fonte

Se viva ou morta

Cheia ou vazia

Triste ou ilusória

Nunca seca...

Esvazia-se...

Tomando cerveja

Diante da calma

Na impotência do agir...

Ao esbarrar com as realidades

Invento mais...

Escrevo um pouco, assisto TV

Adio a felicidade

E a loucura de pensar

Que não posso existir...

Com o mundo

Crio músicas, divido-me, atento atendo a tudo...

Tudo se passa...

É meu jeito de protestar

Omitir, pensar, iludir...

É meu jeito de não ser

Escrever, sonhar, dar de mim...

Pra que repensem suas atitudes, pra que respeitem ao próximo...

Pra que ouçam em novas épocas a divina criança... O boêmio adulto...

Dois

Os mistérios, a magia do mundo

Como são belos

Como é grandiosa frente ao corpo...

O poder do criador

As sensações místicas

Se não cabem em minha alma

Calma...

É que consigo explicá-los...

Tenho em mim

Os dois lados...

E sobre o que perdi e perco

É porque não fui capaz de dizer

De quem era a culpa...

Isso eu não devo... A duras penas sei.

Pranto de bruxo

De tanto olhar pra ela

Fiquei cego

Saí de mim...

De tanto criar saídas

Entrei em tudo...

Saí

Esvaziei

Criei

Como encher?

Preciso de vocês...

Faço bossa

Rock, clássico, samba tudo de uma vez...

Faço manhas de amor

Notas musicais que entrego a

Todo tipo de freguês...

O que eu ganho?

Preciso de vocês...

Sozinho, preciso...

O que devo fazer

De tudo que aprendi

De tudo que sei

Defender-me

Fazer conta

Dizer não

Algum palavrão

Libertar-me

Curtir uma canção

Entregar-me

Nunca foram opções...

Pra voltar

Tenho que viajar no tempo...

Recompor minha alma

Alegrar ao desalento

Que me proporcionou a glória

De trazê-lo.

Minha alma está consumida

Machucada

Consumada,

E ainda sim, esperançosa, VIVA.

O Olho

No rosto

O segredo

A forma

O espelho e o planeta

O formato, a lágrima

A água e o reflexo

De quem é o que busca

De quem ganha o que dá...

Mãe terra, meu olho...

Convida-me a sair

Num ressoar de trovões e relâmpagos

Dizendo-me canta meu filho...

Minha alma diz não, razão

Pede pra olhar para o dia seguinte

Pra nova e velha luta...

Renova comigo a aliança

Num imenso arco-íris...

Mas quero ser apenas um homem.

Ensina-me a interpretar o espírito da natureza

Bem te vis, a feminina pomba, os canários, as rolas, os papagaios e andorinhas

Cada um me procura como quem diz, seja feita sua vontade...

Ensina-me a interpretar, os símbolos e os números, mas prefiro não ver

Deixar minha alma, eu sem ela, eu sem ele, existo...

Tudo que se instá-la no mundo

Parece ser uma mentira

Repetitiva...

Pra mudá-la

Eu teria que contra minha vontade

Destituir do trono todos os mentirosos, ou simplesmente arte

Seria uma briga grande, desnecessária e perigosa...

As igrejas mantêm seus segredos guardados

Cristo, um homem sábio para seu tempo

Ensina-nos a sermos como ele,

Chama-nos de irmãos.

Embora haja dois mil anos,

Rezam, e colocam em seus ombros num ato de loucura

A responsabilidade do próprio homem, de perder sua vida

Para ganhá-la, conforme sabiamente ensinado.

Sim, ele nos chamou de irmãos.

Mas infelizmente somos beatos,

Egoístas, desencorajados, ou não?

Cegos, sem olhos para o novo

Para o próprio espírito e sua infinita capacidade

Diante do que há em mãos, preferem o conformismo...

Diante do que há no espírito, preferem o mundano...

Aos que acreditam na vida após a morte

Num céu, e na ressurreição, no paraíso...

O espírito e a vida

São dons divinos

Que aqui se manifestam

E aqui permanecem... Em vida ou em morte

Segundo sua própria vontade e decisão

Segundo seu próprio desejo de ver ou não.

O que está no mundo permanece

O que está no espírito permanece ou não

Segundo sua própria vontade e visão.

De nada servem orações,

Se no ato abstém da responsabilidade

De nada serve o crer, se a abstém do autor o fato

De nada serve eu ver o grande

Se na hora de repartir e dividir, só encontro o pequeno

O medo, o receio, a ilusão, a falsa crença, o eterno julgar...

Como as energias saem da terra, para ela voltarão, assim
somos energias também.

Assim como o espírito, com sabedoria ou não, segundo seu desejo e escolha

Segundo sua própria visão, em vida e em morte, estando ou não.

Se você pudesse se observar em vida

Como seria sua visão? De você? No dia a dia?

Encontraria a pequenos... Grandes não... Ainda que seja, busque, encontre ou não.

Rodaria em volta da mesa mil vezes, passaria por mil pessoas

E continuaria sua oração. Segundo a própria visão, do espírito ou não...

De seu corpo, ou de quem nele habita...

Amando-lhe e envelhecendo, dia a dia...

Dando-lhe o que pede segundo sua vontade, seu desejo

Sua visão, razão ou não.

A sabedoria se mostra pra quem a procura

Mas também se perde por não ser dividida

Vira tormento e loucura, se muito tempo esquecida...

O Reino da terra e tudo que nele existe

Desde que há na razão ao místico

Procurado por outra,

Escondido por outros,

Idolatrado por poucos...

Na outra

No outro

Em poucos

Segue e habita...

Se acaso seu espírito estiver satisfeito

Engrandecido, a poucos ele ajudará, em morte ou em vida,

Nesse tempo ou em outro, outra vida... Pois não cabe em você apenas...

Se ele estiver pequeno, a muitos atenderá...

Aqui ou no tempo, nessa vida ou por outra

Porque não cabe em você apenas...

Como dizer a verdade?

A verdade não se diz...

Observa-se... Contempla-se.

Segundo a segundo manifesta-se, sendo autor ou veículo, você ou não.

Segundo sua vontade ou não.

Por causa das crenças

Das religiões

Do passado sempre presente

Milhares de almas vivem na ilusão

Uma mesma, diferente, e única filosofia, a que impede a evolução,

A que impede o cristão, de ser também um Cristo, um irmão, a que alimenta

A Constante, falha e louca repetição do ato e do tempo.

Para alguns um fardo, pra outras histórias

Pra mim um sofrimento...

Para mim apenas palavras, de um servo, místico,
espiritualizado, razão e não.

De quem em mim habitava

Ou ainda

Habita...

EU.

AMOR

São números, fases da lua, trindade... Sentimentos,
espiritualidade

Encerrados, renovados, mortos ou em evolução...

SIM e NÃO.

SOU... SOU... SOU... ARTE

SOU MATÈRIA...

Fui preso, pela minha liberdade...

Sempre e não, Livre...

JORGE AUGUSTO   SIM

Meu amor

Intenso

Único

Amei tanto a arte

O Deus e a humanidade

JORGE AUGUSTO   SIM

Que cheguei a desistir

E de mim

Por não poder dizer a verdade...

Amei tanto a arte meu sonho

Deus e a humanidade

Que cheguei a pensar

Que sou má pessoa

Por não saber como dizer

Minha grandiosa verdade...

Amo tanto Deus a arte e meu sonho

Que insisti em dividir com as pessoas

O que só em mim cabia... Palavras...

Sou ele, Sou ela, nunca em mim...

JORGE AUGUSTO   SIM

Está

Para renovar

Para renascer

Para morrer

Para criar

Para julgar

Para dar

Para receber

Para ensinar

Para aprender

Para se encher

De notas musicais...

Meu corpo...

Violão.

A vida e a felicidade

Não surgem de encontros...

Elas são...

Se você for...

Pensamento sobre mim

Se não tenho estou em busca

Está-se em busca estou viajando

Está-se viajando a verdade é detalhe

Se a verdade é detalhe não tenho nada e ninguém me ama

Porque os obstáculos que surgem

São pequenos e me mandam...

São e não são

Se não sou

forte

Felicidade passageira

Passa ao próximo

 Foge da verdade

Não tenho, não sou

Tenho

Mas pra outros

Acaba...

Pra mim, continua...   Sou simples.

JORGE AUGUSTO   SIM

Centro

Na dor e na alegria

Na realidade e na fantasia

Se aos outros e a mim

Sou centro

Do que se movimenta

Do que se faz e canta

Do que se bebe e encanta

Do que se pode deixar

Para outro dia...

Sou o que se precisa ser

Porque acredito e não...

Porque sei e posso... Caso não... Estou viajando...

Eu não uso droga... O artista em mim sabe tudo...

Vejo o problema, aceito a solução

Devagar, pensando... E não... Sou metade homem metade
espírito...

Metade livre, metade preso, todos já sabem disso...

Se a dois caminhos construí, vou olhar para o terceiro...

Sacramentado

Em obras musicais

Em livros e poesias

Em euforias e lágrimas

Na insistência e na desistência

No bem e no mal

Minha alma e meu corpo.

Em minha esperança

E permissão

De Renovar a Aliança...

Olhar o presente, que o passado e o futuro

Levou-me e buscou-me...

Caem os Muros...

SOU.

Made in the USA
Columbia, SC
19 July 2023

20408493R00065